LA IVSTE OCCASION DE LA GVERRE.

Contre les Rebelles de sa Majesté.

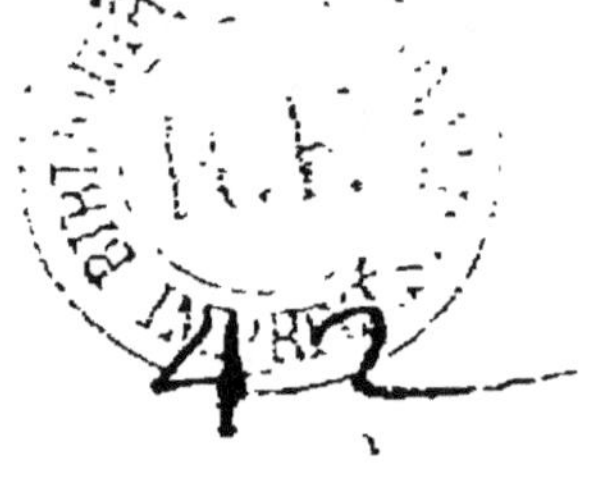

M. DC. XXII.

LA IUSTE OCCASION DE
La Guerre contre les Rebelles.

LEs aduantages de naiſſance ou de fortune ne ſçau-
roient fonder vne legitime gloire, ſi la vertu ne les
anime : de là vient que tous les Roys ſont bien appel-
lez Puiſſants & Seigneurs, mais que ceux qui donnent
quelque ſpecial teſmoignage de l'excellence de leur
naturel ſont qualifiez priuatiuement aux autres Augu-
ſtes, Grands, Dieu-donnez, Conquerans, Peres des
peuples, & de ſemblables noms ſortables aux effects
dont leurs ſubjets ſe ſentent leurs redeuables. Or comme l'eſſence de la dignité Royale conſiſte à ſi bien regir
les peuples que le ſeruice de Dieu & le repos public
ſoit maintenu, ſans doute le tiltre plus auguſte qu'vn
Monarque puiſſe ſouhaiter c'eſt de Pieux & de Iuſte:
car ſi la voix du peuple eſt vn teſmoignage ſans ſoup-
çon d'aucune faueur & hors de tout reproche, ce luy
doit eſtre vn contentement indicible d'apprendre de ſi
bône part qu'il ſatisfaict pleinement au deu de ſa char-
ge, qui eſt comme la plus releuée de meſme la plus pe-
nible du monde. Enquoy, SIRE, tous les bons François d'aujourd'huy ont vne treſgrande occaſion de be-
nir la fortune qui les a gardez à vn ſiecle où les gene-
reux deſſeins de voſtre ame qui buttent tous à l'exerci-
ce de la Iuſtice & de la Pieté, leur font apparemment
eſperer que cette Monarchie, quoy que la plus ancien-
ne du Monde, bien loin d'eſtre ſur ſon declin s'en va
raieunir en vos années, & que puis qu'elle court voſtre

fortune elle se void à la veille d'estre plus glorieuse que iamais.

Les Princes sont les esprits mouuans de leur Royaume; selon le branle qu'ils leur donnent, ils s'augmentent ou déchoient, deuiennent riches ou pauures, glorieux ou abiets : Dieu les dône selon le merite des peuples, & fait passer par leurs mains le bien & le mal, le chastiement & la recompense: ainsi tirons nous vn argument infaillible qu'en ces dernieres années nostre Seigneur nous a regardé de ses yeux de misericorde, vous inspirant la resolution d'effacer le lustre de tous ces Debônaires, Conquerans & sages Roys, affectant la qualité de Iuste: car comme la Iustice est vn racourcy de toutes perfections, le bon heur de ce Royaume inseparablemen attaché à la vertueuse conduite de son Roy, va deuenir parfaictement accomply sous vn Monarque qui en vnê seule de ses vertus contient les perfections de toutes les autres.

C'est auoir veritablement l'ame Royale de se porter ainsi tout d'vn coup au souuerain degré de l'excelléce, côme l'aigle d'vn plain vol se guinde en la plus haute region de l'air: ceste gradatió tardiue de bien en mieux est pour ces esprits communs, & qui ne sont importans qu'à eux mesmes : mais comme la lumiere du Soleil s'esclôt en vn instant parce qu'elle est necessaire au bien vniuersel de tout ce Monde qui souffriroit preiudice en son retardement, ces naturels qui sont nés au regime public ont le passedroict de porter la fleur & le fruict ensemble, comme les espines Royalles de Babylone: ce nous peut donc estre vn miracle de voir en vostre aage si tendre vostre vertu si solide, & qu'vne vie consommée iusques à l'extreme vieillesse ayant à

peine asseuré le tiltre de Victorieux & Grands à quelques vns de nos Roys, à la 20. de vostre aage il n'y aye
pays en la Chrestieté qui ne vous defere celuy de Iuste
releué de beaucoup par dessus tout autre, toutesfois ce
ne nous sera plus vn miracle puis que c'est à vous à qui
on le defere. Ie dis à vous, SIRE, l'vnique subiet de
la Chrestienté à qui des long temps les Propheties re-
seruent les plus glorieux exploicts qu'aye iamais fait
Monarque, & qui pour esleuer ce superbe Colosse de
grandeur qu'on se promet de vous ne pouuez pas establir vn moindre fondement. Mais puisque le bien có-
mencer n'est qu'vne obligation à mieux poursuiure,
Vostre Majesté me permettra de luy representer qu'il
n'y eut iamais Prince qui se soit veu engagé en vne
plus valeureuse entreprise, veu que vous auez à res-
pondre à des commencemens donc le progrez & l'a-
cheuement sont les plus accomplis chef d'œuures qui
puissent partir de la main d'vn Roy, & partant diffici-
les à l'esgal : ce que ie prens la hardiesse de vous dire,
d'autant plus librement que ie sçay bien que vostre
ame née pour estre absolue sur tout estant inaccessible
à la crainte comme les lauriers à la foudre, se portera
tousiours iustement en toutes ses actions, sans auoir
esgard à leur difficulté, sinon pour s'esiouyr de ce
qu'en ces suiects, où elle desseignera de faire luyre sa
iustice elle y trouuera pareillement les moyens de faire paroistre son inuincible courage.

Il est vray, SIRE, ceste Iustice maintenant graces à
Dieu, vostre seule fauorite n'est pas vne Dame qui
puisse demeurer les bras aux manotes comme l'An-
diomede des Cieux, elle a guerre irrecóciliable declarée contre tous les meschans qui font la plus grande

partie du mõde, & partant elle est tousiours en exerci-
ce, & faut de necessité qu'elle se maintienne au prix de
ses trauaux de sorte qu'ayant (comme vous auez) fait
ligue offensiue & defensiue auec elle, vous ne restez pas
sans affaire: son premier & principal Office est de rendre à chacun ce qui luy appartient, ainsi pour ne rom-
pre point auec elle vous estes necessité de donner vos
veilles au repos de vos peuples, & continuer à les affrã-
chir de toute tyrannie & concussion, en vn mot de
vous moutrer Roy tel que vous estes, & de maintenir
vostre Sceptre en vne authorité si Souueraine qu'il
puisse comme le Trident de Neptune sur les eaux au
moindre de vos mots calmer toutes les tempestes qui
s'excitent en vostre Estat, pource dit on que la paix
est la fille de la Iustice.

Combien fut grande l'alegresse qui saisit le cœur de
tous vos bons subiets, ô grand Prince, quand nous
vismes que pour maintenir à bon escient ce beau nom
que vous affectionnez, vous commenciez si franchement d'entrer en regnoissance de ce que vous deuez à
Dieu? alors nous recongnusmes que veritablement
vous teniez du Ciel cette inspiration, qui vous a fait
conceuoir qu'estát depositaire de la puissance de Dieu,
qu'il a confié entre vos mains c'étoit acte d'obligation
& de Iustice de l'employer à vous rendre tuteur de son
honneur & protecteur de son seruice, contre ceux qui
en sont declarez ennemis : alors dis-ie, nous auouas-
mes que vous estiez veritablement IVSTE, puisque
vous estiez sincerement pieux, car la Iustice le comble
des vertus ne peut subsister sans la pieté qui en est le
fondement. Agesilaus qui s'estimoit plus grand que le
grand Artaxerxe, parce qu'il estoit plus Iuste, prenoit

toufiours logis dans les Temples, comme dans la mai-
fon paternelle de la Iuftice, enfeignát par ce traitê que
pour commander equitablement aux peuples, il ne fa-
loit qu'exactement obeyr à Dieu, dont on ne pouuoit
fe departir qu'auec injuftice. En effect fi c'eft acte de
Iuftice, que de fatisfaire à fes obligations, eftans obli-
gez à Dieu de ce que nous auons, nous fommes inju-
ftes iufques à l'ingratitude, fi nous ne l'employons tout
à fon feruice diuerfement, chacun felon la diuerfité de
nos pouuoirs & de nos profeffions : Doncques vous
ne pouuez eftre Iufte, fi vous n'eftes pieux autant que
puiffant; c'eft à dire à l'extréme, parce que tenant voftre Souueraine dignité comme par depoft du Roy des
Roys, de qui feul voftre Couronne releue, vous ne luy
rendez pas ce que vous luy deuez, fi vous ne luy voüez,
fans referue aucune, voftre puiffance à la manutention
de fon hóneur; confideration qui difpenfera mon zele
de cette fcrupuleufe difcretion, dont quelques-vns de
vos Confeillers font intectez, & m'enhardira à me rendre interprete de toutes les ames pieufement fleurdeli-
fées, ialoufes de l'authorité de Dieu & de la voftre, qui
vous fupplient de ne vous point lafler de vos auguftes
entreprifes, & d'acheuer encor plus glorieufement ce
que vous auez fi bien commencé.

Ouy, SIRE, ce font les pieux & legitimes fouhaits
de tous les bons Catholiques François, qui paffionnez
pour l'intereft de leur Prince, ne defirent rien plus, fi-
non que comme la lumiere du Soleil s'augmente à me-
fure de fon éleuation, la renómée de vos vertus croiffe
auec vos ans; mais pour buller fans limite de contrée
ny de faifons, & qu'à cét effect ménageant les occafiós
de ce téps, l'excez de la malice des rebelles vous fourz

niſſant de matiere pour vne infinité de Iuſtes victoires,
l'Eſté prochain ne ſe paſſe point que toute la Chreſtienté ne vous publie L o v i s le très-Victorieux, & le
Iuſte. Chacun recherche l'employ ſelon les qualitez
qui luy ſont plus aduantageuſes : à cette cauſe mainte-
fois ceux qui n'ont rien de plus releué que le courage,
ont procuré volontairement des guerres à leurs pays,
afin d'entretenir les occurrences où ils ſe peuſſent faire
valoir. Ce n'eſt iamais bien fait de procurer du mal,
mais où Dieu permet qu'il arriue, c'eſt vrayement fait
en homme Iuſte de ſeconder ſon intention, en taſchât
par tous moyens d'en tirer du bien, puis qu'il ne le permet qu'à cette fin. Ainſi iugeons-nous que Dieu à ſouf-
fert l'Huguenotiſme cent ans en France, & la rebellion
dans l'Auguenotiſme, apres la centiéme comme ſa cly-
materique : afin qu'ayant vn tel ſuiet de les extermi-
ner, leur défaite vous ſoit vn auant-ieu & vn coup d'eſ-
ſay pour des exploits qui doiuent eſtayer la decadence
de la Chreſtienté, & dont l'vniuers attend le ſuccez
auec tant d'impatience : ainſi ce vous doit eſtre vne
ioye ſans pareille, de voir vn ſi beau champ ouuert à
voſtre gloire, & qu'vn meſme deſſein puiſſe ſeruir d'e-
xercice à voſtre valeur, de criſe à noſtre malheur, mais
ſur tout de matiere à voſtre Iuſtice.

Que la cauſe de Dieu ne rougiſſe point en vos mains,
rendez à Dieu ce que vous luy deuez, ſinon parce que
vous le luy deuez, au moins parce que vous le luy auez
promis, mais promis ſolemnellement au iour le plus
ſignalé de voſtre vie, celuy de voſtre ſacre, auquel vous
proteſtez par exprez d'employer tout voſtre pouuoir
à la conſeruation de la foy, & l'extirpation des hereſies.
Ils ont voulu ſupercher voſtre minorité, demandant
qu'on

qu'on expliquaſt ce paſſage, croyans qu'ils ſeroient
quittes des conſequences de ce ſerment, quand ils
vous auroient perſuadé qu'vne explication vous en
acquitteroit vers celuy à qui vous le preſtiez en hom-
mage de voſtre Sceptre : côme ſi Dieu pire qu'vn mau-
uais Sophiſte ne pouuoit penetrer l'eluſion d'vne di-
ſtruction fourrée, & qu'on peuſt canceler les obligations qu'on luy paſſe par quelque interpretation gau-
chere, monſtrans en cela le peu de reſpect qu'ils por-
tent à leurs Princes, ſe preualans de leur infirmité au
preiudice de leur Eſtat, & de leur conſcience, n'ayans
point fait de difficulté d'arracher à l'innocence de voſtre âge vne conceſſion, qui de tout droict demeure
nulle : car quand bien ſuiuant leurs pretentions ils ne
ſeroiét pas heretiques, ils ne peuuent douter qu'eſtant
nourry en la creance Apoſtolique Romaine, vous ne
les teniez pour tels, ſans que pour eſtre vos ſubjets ils
en ſoient moins Huguenots : Les Albigeois ne furent
pas eſpargnez par vos predeceſſeurs, en conſideration
de ce qu'ils eſtoient François : leur naiſſance ne ſeruit
pas de ſauue-garde à leur hereſie, & ces Roys qui portoient la Croiſade outre Mer, n'euſſent eu garde de
s'occuper totalement à reſtablir le Sepulchre de Ieſus-
Chriſt en Iudée, s'il y eut eu lors en France qui euſt dé-
moly ſes Autels. Toutesfois vous fuſtes ſi religieux en
l'obſeruation de vos Edicts, que vous leur donnaſtes
parole, que tant qu'ils ne manqueroient point d'obeiſſance, on ne leur manqueroit pas de parole ; conuen-
tion reciproque, à laquelle veu qu'ils ont depuis ſi ma-
nifeſtement contreuenu, vous feriez vn œuure de ſu-
perſtitieuſe euerrogation de penſer que voſtre foy y
demeuraſt aucunement engagée : celuy ne peut eſtre

bon, qui eſt meſme bon aux meſchans, vous ne pouuez non plus eſtre L O V I S L E   I V S T E, ſi vous eſtes clement aux hommes les plus injuſtes du monde. Ie dis les plus injuſtes du monde, S I R E, car quelle injuſtice plus grande que de rauir à Dieu ſon culte & ſon ſeruice, aux Roys le reſpect & l'obeiſſance ? pource qui eſt du premier chef il demeure decidé par Arreſt de l'Egliſe, pour ce qui eſt du ſecond, voſtre Maieſté ſe repreſentera, s'il luy plaiſt, que comme les Dragons à peine ſont eſclots qu'ils en veulent aux Elephans, l'hereſie dés le point de ſa naiſſance conſpire le meſpris des Souuerains & l'aneantiſſement de leurs Monarchies, ceux qui diuiſent la foy n'ont garde de viure en vnité de lonopolitiques, & puiſque ils deſchirent la robe de Ieſus-Chriſt on leur feroit tort de les croire plus reſpectueux enuers vn Prince qu'ils ne ſont enuers Dieu. François ſecond vit comme ce monſtre ne parut point qu'il n'auortaſt d'vne cruelle conſpiration & bien informé des complices en fit pendre pluſieurs, de la mort deſquels ils ont groſſy leur martirologe qui ſe debite aux Prouinces eſtrangeres. Ils pratiquerent les meſcontants de ſa Cour qui preſterent librement leurs intereſts particuliers aux armes de cette rebellion, pour ſe fortifier d'autant contre leurs ennemis priués: ainſi autoriſez du nõ de pluſieurs Princes & Seigneurs nouueaux catechiſtes, ils parurent en tout autre equipage que ne firent iamais les Apoſtres pour planter leur foy a la pointe de l'eſpée & l'arrouſer du plus pur ſang François. Ce Roy mourut ſi ieune qu'il n'eut pas loiſir de venir à bout de ce quil auoit deſſeigné, qui eſtoit d'arreſter le cours du mal en ſon principe. & d'aller de ſon reſte ou leur faire quitter la charte. Charles 9. luy succeda, qui se vid pareillement agité des bourasques de ces seditieux impudents iusques à luy bailler la chasse depuis Meaux iusques à Paris. Qu'ils auantagent maintenant leur subiection par dessus la nostre, & qu'ils se facent tous blancs de leur fidelité; eux qui sont cause du plus grand affront qu'aye iamais receu la France, qui est d'auoir persecuté son Roy iusques à le contraindre de deuoir son salut aux estrágers, qui garantirent sa vie contre l'attentat de ses subiets. Vn Roy du Royaume le plus absolu du monde, est forcé de se sauuer des mains des Protestans en fuyant à la faueur des Suisses! He quoy, SIRE, pensez-vous que les Huguenots de maintenant ayent l'ame faite d'autre façon? Chasque chose se conserue de mesmes qu'elle est produite, leur reforme est née auec la desobeissance & la rebellion, il faut aussi qu'elle perisse ou qu'elle employe les mesmes moyens à se maintenir à nostre grand regret, vous auez bien peu iuger qu'ils font passer en poinct de conscience de ne faire cas des Roys, que pour la bienseance, & qu'aux occasions où ils peuuent s'auancer, ils n'entrent pas en consideration de ce qu'ils vous sont, & de ce que vous leur estes. Dieu nous vueille bien preseruer d'vne seconde iournée de Meaux, à peine auriez vous meilleur marché de leur courtoisie. Ils recognoistront tousiours vostre Empire ce disent ils, pourueu que celuy de Dieu demeure en son entier: permettez la libre interpretatió de ce beau mot à l'esprit particulier qu'vn chacun d'eux se vante d'auoir & vous verrés qu'ils le traicteront aussi libertinement que l'escriture. S'ils osoient parler comme ils pensent, ils diroient franchement que puisque vostre Empire s'oppose a celuy de Dieu qu'ils pensent dependre de leur reforme ils sont du tout dispensés de vous obeyr. Mais quoy coniecturer leurs pensées? leurs effects declamêt sur ce suiet. S'ils estoient par tout aussi forts qu'à Priuas, ils ne voudroiêt en aucû lieu souffrir des Seigneurs Catholiques, & vos ministres vous trahissent s'ils nous font entendre que vous soyez le maistre en ces endroicts où l'indulgence de voz predecesseurs & la necessité de leurs affaires leur a permis de s'establir. Voyés qu'elle est la suite de leur procedé en ces pays où ils s'estiment forts par leurs places ou par leur nombre? c'est vne rebellion toute d'vne piece, quel prodige d'horreur qu'il aye falu que vous mesmes ayez pris la commission d'executer les Arrests de vostre Conseil, pour ce qui touche le Bearn, apres que de vos principaux Officiers y eurent perdu leurs peines, & qu'on eut asseurément veu que ces obstinez ne recognoistroient iamais les fleurs de Lys, qu'en vos armes ils doiuent leur establissemen en France, au feu Roy vostre pere, & particulirement à la Reyne Ieane vostre grand' mere tout ce qu'ils tenoient en ces pays là, dont elle disposa comme du sien en leur faueur; ainsi en tout sens ils sont creatures de vostre maison, de sorte que vous estant Roy, Fils d'vn pere, petit-Fils d'vne grande mere à qui ils sont redeuables de leur estre & de leur conseruation, le refus d'obeyssance fût en eux vn acte de rebellion non seulement, mais aussi de tres notable ingratitude, souffrir auiourd'huy qu'ils iouyssent des effects de vostre bonté, & leur accorder fauorablement des biens ou des places ainsi qu'ils vous en demandent, vous leur mettrez en main des moyens dont apres ils se seruiront à heurter ceste couronne: mais qu'elle estoit ceste insolente raison

de vouloir qu'en vn Royaume tres-Chrestien l'Eglise
soudoyast l'heresie, & qu'il n'y eut Euesque en Bearn
qui n'entretint plus de Ministres que d'Aumosniers;
non contens de tirer de vostre espargne de grands de-
niers qui leur estoient deliurez à cét effect, ils vouloiét
en cela faire valoir leur credit vers les estrangers aux
despens du vostre, monstrans qu'ils tenoient si bien le
pied sur la gorge au Clergé qu'ils le forçoient soubs
vostre authorité de contribuer le meilleur & le plus li-
quide de ses reuenus à leur entretient. A peine auiez
vous veu la fin de ce trauail que comme vn autre Hercule vous trouuastes en des nouuelles difficultez de
nouueaux subiets de triomphes : leurs pratiques & as-
semblées vous firent incontinent remonter à cheual
pour dissiper ces brouillats par vostre presence, pen-
dant sept ou huict mois de vostre voyage, soixante &
quinze Villes esprouuerent l'excez de vostre valeur,
mais encor plus celuy de vostre bonté. Mótauban seul
ayant osé s'opposer au cours de vos victoires a persisté
depuis en cette criminelle opiniastreté, iusques à ce
que la rigueur de la saison, mais sur tout le desir de
reuoir la Reyne vous en aye fait departir maintenant,
Sire, toute la Chrestienté est aux escoutes pour re-
marquer le succez de vos resolutions, & si vous en
demeurerez sur vostre perte, en quoy vostre auctorité
souffriroit vn irreparable preiudice, car les Huguenots
& beaucoup d'autres tirants à consequence l'impunité
de ceste rebellion ne craindront plus de tout faire
pourueu qu'ils ayent de la terre à remuër, & des mu-
railles aussi bonnes que celles de Montauban pour se
mettre à couuert, & desormais vostre Royaume ne s'e-
stédra que iusques aux places qui pourrôt soustenir vn

siege de six mois & vous ne serez plus Maistre chez vous
apres que ceux qui par naissace, par deuoir & par pro-
testations si hypocritement apostees ; se font tant vos
fideles subiects, vous auront fait voir le bout de vostre
pouuoir, permettez moy ce mot; c'est celuy dont ils se
seruent. Aigues mortes, Nismes, Montpellier & beaucoup d'autres villes meilleures que Montauban, s'en
vont desormais estre vn asile à l'heresie & à la desobeïs-
sance, & à peine vostre Maiesté sera telle respectée en
ces lieux où ils s'estimeront asseurez côtre vostre puissance, vrayement ils s'en vont bien trompeter par
tout ce qu'ils chuchetent à l'oreille, qui faut imputer
leur persecution à quelques particuliers qui vous ont
possedé ; veu qu'apres leur mort ou leur retraicte vous
le laissez en paix : vous faisans ainsi partager vostre
Couronne auec quelque vns de vostre Cour, & appe-
lans de la declaration de vostre maiorité qu'ils veulent renuoyer au delà de vostre vingtiesme année.
Vous auez veu qu'on vous a fermé les portes de vos
villes, & que vostre presence n'a peû obtenir d'eux ce
qu'ils deuoient deferer au moindre commandement
qu'on leur en eut fait de vostre part. Vne infinité de
braue Noblesse est morte en ceste occasion, & quoy
sera-telle morte en vain ? tant de vies perduës seront-
elle perduës du tout ? repassez sur la franchise de ces
Princes, Seigneurs & Caualiers qui d'vn courage to-
talemét Gaulois, ont fait vn marchepied de leur corps
pour esleuer & affermir vôstre Throsne, & ie m'asseu-
re que ce souuenir vous remettra les larmes aux yeux
pour les regretter les armes aux mains pour les véger.
Ie sçay bien qu'en cela ils n'ont rien fait qu'ils ne deus-
sent faire : mais encor ce seroit vne extréme consola-

tion aux suruiuans de voir, & que la memoire de ceux qui sont emportez en ces occurrences est cherie, & que sy leur bon heur leur permet d'estre tués pour le seruice de leur Prince, leurs meurtriers ne se pourront pas promettre qu'vne paix faite à leur volonté leur en obtienne vne abolition. Les Perses portoient le feu deuant leurs Empereurs pour signifier que comme cet element conuertit tout à soy toutes volôtez se deuoient accómoder à celles des Princes ausquelles on ne peut s'opposer si on ne veut estre consommé & aneanty, les Consuls Romains faisoient porter deuant eux la hache pour punir mêmes de mort ceux qui ne se destournoient pas de leur chemin pour montrer que tout doit faire place à vne Souueraine auctorité: mais ny la consideration de vostre Sacré caractere, ny le feu de vos canons, ny l'esclat de vos armes, n'a peu iusques icy rager ceste bicoque de rebelles á son deuoir: Courage, SIRE, la gloire de chaque entreprise se mesure à sa difficulté, Hercule étoit Hercule & neantmoins il vint trois fois aux prises auec Achelous, ce peu de repit que vous leur auez permis ne seruira qu'à rendre leur condemnation plus criminelle, apres que leur obstination leur aura iustement retranché, tout espoir de misericorde, apres que vous les aurez depossedez d'vne place en la force de laquelle ils mettent le meilleur de leur mauuaise esperance, là rendre en fin vostre Iustice plus signalee, apres que vous aurez exterminé des hommes à rendre vostre valeur plus glorieuse qui ont fait tout ce que peuuét faire ceux qui tesmoignent vn aueugle mespris de la puissance de Dieu, s'opposants si manifestement à celle de son Oinct. Que vos foudres escrazent ces Geants qui contreluttent vostre

authorité, & monſtrez à ceſte fois que vous eſtes veritablement Roy , c'eſt à dire abſolu ſur vos ſuieſts.
Ils vous ferment les portes de vos Villes parce qu'ils
ſont huguenots, ce diſent ils, les Catholiques qui ſont
en poſſeſſion de la vraye religion , n'auroient garde
de prendre ces hardieſſes incompatibles auec la ſince-
rité de l'Euangile qui ne preſche qu'obeyſſance aux
Princes : mais ils penſent que la rebellion ſoit vn des
priuiléges de leur croyance & alleguent ingenuëment
le crime qu ils commettent contre Dieu pour iuſtifier
celuy qu'ils commettent contre leur Prince : tant eſt
grande la force de la verité qui leur arrache ceſte con-
feſſion : car l'hereſie qui les diſpenſe d'obeïr à Dieu &
à ſon Egliſe , leur inſpire conſequemment de neceſ-
ſité, le deſſein de ne s'aſſuiettir plus à aucune puiſſance
apres qu'ils ont ſecoüé les deux principaux du monde.
SIRE, l'Eſtat Monarchique eſt encor plus indiuiſible
que le point des Mathematiques , & côme on ne pouuoit rien briſer de la Minerue de Phydias que ceſte ſta-
tuë ne tombaſt & ne ſe fracaſſaſt du tout ſans reſter
plus elle meſme, l'Autorité Souueraine n'eſt plus Souueraine en vn pour peu que quelque autre la partage,
apres auoir planté autel côtre autel, ils s en vont faire
vn Eſtat dans l'Eſtat : leurs cercles ont côntrequarré
vos Parlemens , leurs aſſemblees vos Conſeils , ils les
ont continuees nonobſtant toutes inhibitions à eux
faictes de voſtre part, apres ils ont fait des modera-
tions, des Sceaux, diſtribuë les Gouuernements , aſ-
ſignê les departemens à la Gendarmerie : à ce conte
vous recognoiſſent-ils pour Roy ? ils repartent qu'ils
n'ont rien fait que ce qu'ils iugeoient neceſſaire pour
maintenir leur conſcience en liberté, pour Dieu, SIRE,
conſide-

considerez l'impudence de ces heretiques, qui ne se croyent pas en asseurance sur vostre parole, qui veulent obtenir à la poincte de l'espée des seuretez autres que celles de vos Edits comme si vn Prince qui ne fait gloire que de sa Iustice pouuoit manquer à la foy, ou ils pensent que vous ne les puissiez maintenir en ce cas que vostre pouuoir soit moindre que celuy de vos predecesseurs, mais qu'il soit moindre maintenant qu'aux plus debiles années de vostre minorité : où ils pensent que vous le puissiez bien, mais que vous ne le voulez pas, & alors ils croyent iniurieusement de vostre Maiesté, qu'elle ne promet que pour tromper: toutesfois quoy qu'ils en pensent puisque vous estes leur Roy, recognu par eux comme doné de Dieu pour tel, ils deuroient seulement s'armer de patience, & sur les exemples des Crestiens primitifs, dont ils se disent expres imitateurs se resoudre sans plus au martyre, si quelque zele de pieté les touchoit, ils cheriroiét ceste persecution comme vne occasion de souffrir quelque chose pour Dieu qui a tant souffert pour eux, mais ils ne se comportent pas plus sincerement aux affaires Politiques qu'en celles de conscience, tout s'y gouuerne par considerations purement humaines, & pour en parler franchement ils ne pretendent rien par leur reuolte sinon que le pretexte de la Religion les exempte des subiections naturelles, & que vous ne soyez Roy que des Catholiques: Qu'ainsi ne soit, à quoy bornent-ils leur insolence ? si Montauban seulement fermoit ses portes encores ils pouuoient persuader aux simples qu'ils n'en sont que sur la defensiue : mais de surprendre & reprendre des places, c'est agir du pair auec son Prince & marcher contre luy à guerre ouuerte : vos plus fidelles feruiteurs ont esté maffacrés , on ne s'est pas mefme foucié d'offencer Dieu pourueu qu'on vous offenfaft , & ces Temples pieux & auguftes monue-ments de la charitable liberalité de vos predeceffeurs ont esté bouleuerfez iufques aux fondemens , & quelle fera la continuë de leurs infolences , s'il leur eft per-mis de s'enorgueillir d'vne paix obtenuë par eux les armes à la main ? mais quelle paix , auec ceux qui vous ont declaré la guerre , qui l'ont declarée à Dieu ? ie fçay qu'elle eft confeillée par des perfonnes confidera-bles en toutes façons : Mais qu'elle apparence qu'vn Monarque traicte auec fes fubiects ? qu'ils treuuent quelque expedians pour fauuer feulement les appa-rences. Ils ne peuuent produire aucun dont la naiffan-ce ou la condition vous foient tellement confiderables qu'en fa faueur vous veuilliez tout oublier : cette re-bellion n'eft animée que par des perfonnes tirées de la lie du peuple , & dont le nom n'eft cognu que par leur reuolte qui d'entr'eux fe tirera du pair pour fe mettre en qualité & faire le chef de party contre vous? & que diroient les eftrangers qui fçauroient qu'apres vn fie-ge opiniaftre contre toutes vos forces les Huguenots auroient peû de leur chef fe mettre à couuert de voftre indignation ? Non , non , Sire point de trefues auec eux tandis que leur forfaicts dureront , point de paix que Dieu ne foit feruy , & que vous ne foyez obey.

Ne vous embroüillez point l'efprit d'vne vaine fra-yeur fur les moyens de continuer & d'acheuer cette guerre , entreprenez feulement & vous verrez tout reüffir felon vos fouhaits, on fe peut bien affeurer de la victoire quand on combat à la faueur du Dieu des ar-mées. Dauid ne s'engagea iamais en aucune entrepri-

se dont il ne restast victorieux, parce qu'il n'entrepre-
noit rien que pour l'honneur de son Dieu, son bras a-
nimé de ce zele, ne donnoit point de fausses atteintes;
les pierres mesmes de sa funde escrasoient la teste des
Geans. Et quoy, la main du Seigneur seroit-elle ra-
courcie? & ne peut il pas operer aussi glorieusement
par vostre bras, puis que vostre cœur est en ses mains,
pensez qu'il ne vous inspirera point de dessein dont il
ne facilite l'execution. Voyez comme par sa grace dés-
jà tout dispose à favoriser vos Triomphes. Tous les Heretiques de l'Europe sont en eschet, & si bien empes-
chez chez eux, qu'ils ne peuuent prendre part aux affaires de leurs voisins : En Allemagne & en Flandres,
tout succede au gré des Catholiques : En France ils furent depossedez l'année passee de soixante & quinze
places, cette cy ne leur sera pas plus fauorable si vous
voulez; car leur party n'est pas plus auantagé ny mieux
soustenu. Laissez-vous seulement toucher aux inte-
rests de Dieu, à ceux de son Eglise, à ceux de vostre
Couronne & de vostre personne, & quand vous leur
aurez fait receuoir vne pareille perte, il n'y aura plus à
douter qu'à vos autres loüanges on n'adjouste celle
d'auoir restably la Religion : alors vous serez, comme
vous estes en effect, Roy de France, & tout le monde
publiera que vous ne tenez rien de vostre naissance,
que vostre merite n'eust peu vous acquerir, lors vous
serez LOVIS LE TRES-VICTORIEVX, ET LE
TRES-IVSTE, & lors seulement les Iustes souhaits
des bons Catholiques vos subiets seront totalement
accomplis.